BEI GRIN MACHT SICH IHR WISSEN BEZAHLT

AF142669

- Wir veröffentlichen Ihre Hausarbeit, Bachelor- und Masterarbeit

- Ihr eigenes eBook und Buch - weltweit in allen wichtigen Shops

- Verdienen Sie an jedem Verkauf

Jetzt bei www.GRIN.com hochladen und kostenlos publizieren

Bibliografische Information der Deutschen Nationalbibliothek:

Die Deutsche Bibliothek verzeichnet diese Publikation in der Deutschen National-bibliografie; detaillierte bibliografische Daten sind im Internet über http://dnb.d-nb.de/ abrufbar.

Impressum:

Copyright © 2019 GRIN Verlag
Druck und Bindung: Books on Demand GmbH, Norderstedt Germany
ISBN: 9783346058836

Dieses Buch bei GRIN:

https://www.grin.com/document/505870

Benjamin Keil

Chancen und Risiken von Big Data Praktiken anhand des Smart Home

GRIN Verlag

GRIN - Your knowledge has value

Der GRIN Verlag publiziert seit 1998 wissenschaftliche Arbeiten von Studenten, Hochschullehrern und anderen Akademikern als eBook und gedrucktes Buch. Die Verlagswebsite www.grin.com ist die ideale Plattform zur Veröffentlichung von Hausarbeiten, Abschlussarbeiten, wissenschaftlichen Aufsätzen, Dissertationen und Fachbüchern.

Besuchen Sie uns im Internet:

http://www.grin.com/

http://www.facebook.com/grincom

http://www.twitter.com/grin_com

Chancen und Risiken von Big Data Praktiken am Beispiel des Smart Home

Seminararbeit

Vorgelegt von:

Name: Benjamin Keil

Am: 19. September 2019

Seminar: Autonome technische Systeme

Inhaltsverzeichnis

Abbildungsverzeichnis

1 Einleitung

Der technische Fortschritt verändert zunehmend den Alltag und das Privatleben eines jeden Individuums. Neuartige Technologien, wie Big Data machen es möglich, gigantische Datenmengen zu erheben, diese in Echtzeit über komplexe Verfahren zu analysieren und Handlungsempfehlungen oder Ergebnisse zu präsentieren. Diese Entwicklungen durchziehen alle Lebensbereiche und machen somit auch keinen Halt vor dem privaten Lebensraum in den eigenen vier Wänden. Nach dem Grundgedanken des ‚Internet der Dinge' werden bisher analoge Geräte und Gegenstände, wie zum Beispiel Sicherheitstechnik, Multimedia- und Haushaltsgeräte intelligent miteinander vernetzt, können miteinander kommunizieren und zentral gesteuert werden. Unter dem Oberbegriff „Smart Home" werden solche Verfahren und Systeme definiert, deren Hauptaugenmerk eine „Erhöhung von Wohn- und Lebensqualität, Sicherheit und effizienter Energienutzung auf Basis vernetzter und fernsteuerbarer Geräte und Installationen sowie automatisierbarer Abläufe" (BITKOM & Deutsches CleanTech Institut (DCTI), 2015, S. 9) vorsehen.

Dabei sind dem Internet der Dinge im Smart Home wahrlich keine Grenzen gesetzt. Auf dem Rückweg von der Arbeit die Heizung anschalten, damit das Haus bei der Ankunft eine angenehme Raumtemperatur hat, eine Sicherheitskamera mit Gesichtserkennung, die eine Mitteilung auf das Smartphone sendet, sobald sich Personen der Eingangstür nähern und ein intelligenter Saugroboter, der automatisch die Wohnung putzt während der ebenfalls vernetzte Kühlschrank aufgebrauchte Vorräte selbst nachbestellt hat. Dies sind keine Zukunftsszenarien, sondern reelle Beispiele für die Nutzung von intelligenten Geräten im Smart Home. Zwar ist die Verbreitung von Smart Home Geräten bisher relativ gering, das zukünftige Potenzial dieser Anwendungen auf dem Massenmarkt jedoch immens (vgl. Kettner & Thorun, 2018, S. 1). In einer Studie von 2014 mit knapp 90.000 Befragten gaben 5,8% der Deutschen Bundesbürger[1] an, in einem vernetzten Haus zu wohnen und 43 Prozent zeigten dafür Interesse (vgl. Fittkau & Maaß, 2014, zit. n. Klaßen, 2015).

Das skizzierte Beispiel zeigt, wie weit der Einsatz von Smart Home Einfluss in die private Lebensführung von Individuen nimmt. Die Konsequenzen eines massenhaften Einsatzes von solch intelligenten Geräten im privaten Wohnraum auf individueller, also Mikro-Ebene und auf der gesamtgesellschaftlichen, der Makro-Ebene sind bisher nur zu vermuten. Daher scheint eine Untersuchung dieser Art von Vernetzung des eigenen Wohnraums von großem techniksoziologischem Interesse. Die Seminararbeit untersucht daher die folgenden Fragen: *Was sind die Chancen und Risiken für die Individuen und die Gesellschaft durch den Einsatz von Smart Home? Welche Auswirkungen ergeben sich darauf auf eventuelle Regelungsbedarfe?* Zur Beantwortung

---

[1] Alle Personenbezeichnungen in dieser Seminararbeit beziehen sich ungeachtet ihrer grammatikalischen Form in gleicher Weise auf alle Geschlechter.

dieser Frage wird einleitend das dem Smart Home zugrundliegende Konzept Big Data definiert und anhand des Big Data Prozessmodells in den drei Teilschritten Datengenerierung, Datenauswertung und Datensteuerung erläutert. Anschließend wird in Kapitel drei der Untersuchungsgegenstand Smart Home, seine Anwendungsfelder und der Bezug zu Big Data herausgestellt. Das Kapitel vier befasst sich mit der Beantwortung der Forschungsfragen, indem sowohl Chancen als auch Risiken durch den Einsatz von Smart Home für Individuen und die Gesellschaft analysiert werden. In Kapitel fünf werden schließlich Handlungsempfehlungen und Lösungsansätze für einen humanzentrierten Umgang mit dem Smart Home abgeleitet.

2 Big Data

In den letzten Jahrzehnten hat sich das Internet durch die Digitalisierung und den technischen Fortschritt radikal weiterentwickelt. Smartphones, Tablets und andere mobile Endgeräte sind aus dem Alltag nicht mehr wegzudenken. Einer Studie der International Telecommunication Union (ITU) (vgl. 2012, S. 1) zufolge betrug der Anteil an Mobilfunkteilnehmern im Jahr 2011 bereits ca. sechs Milliarden, was einem Anteil von 85,7% der Weltbevölkerung entspricht. 1,1 Milliarden Menschen, bzw. 15,7% sind dabei aktive mobile Nutzer mit Breitband-Netz und die Anzahl an Haushalten mit kabelgebundenem Internet-Anschluss beläuft sich auf 2,3 Milliarden Menschen, bzw. 32,5% Menschen der Weltbevölkerung (ebd.). Durch diese enorme Anzahl an Kommunikationsteilnehmern entstehen immer größere Datenmengen und gleichzeitig werden immer neue digitale Angebote entwickelt. Allein im Jahr 2012 wurden insgesamt Daten im Volumen von 2,7 Zettabytes[2] geschätzt. Datenmengen, die zu groß und komplex sind, um sie mit herkömmlichen Datenanalysemethoden zu verarbeiten, bedürfen neuen Ansätzen und Technologien. Hier kommt der Oberbegriff „Big Data" ins Spiel. Dieser legt den Trugschluss nahe, dass es sich bei Big Data lediglich um riesige Datenmengen handelt (vgl. Picot, Berchtold, & Neuburger, 2018, S. 316). Vielmehr bezeichnet es ein „Bündel neu entwickelter Methoden und Technologien, die die Erfassung, Speicherung und Analyse eines großen und beliebig erweiterbaren Volumens unterschiedlich strukturierter Daten" (Horvarth, 2013, S. 1) ermöglichen.

Der Ursprung, die erstmalige Verwendung und eine einheitliche Definition des Begriffes Big Data ist umstritten und nicht eindeutig geklärt (vgl. McBurney, 2012). Die am häufigsten zitierteste Definition wurde von dem US-Marktforschungsinstitut Gartner Inc. veröffentlicht. Diese geht auf die Arbeiten vom Analysten Doug Laney zurück, welcher Datenwachstum mit

---

[2] Zum Vergleich: Ein Zettabyte sind umgerechnet 10^{21} Byte.

den drei V's – Volume, Variety, Velocity beschrieben hat (vgl. Laney, 2001, S. 1). Diese drei V's wurden künftig mit Big Data assoziiert und seitdem häufig als Basis der Definition herangezogen (vgl. De Mauro, Greco, & Grimaldi, 2015, S. 101).

Mit der Datenmenge (*Volume*) wird zum Ausdruck gebracht, dass im Kontext von Big Data über Datenmengen gesprochen wird, die mit regulären Datenbanken und Methoden nicht zu verarbeiten wären. Dabei kann man davon ausgehen, dass sich die weltweit gespeicherte Datenmenge ca. alle zwei Jahre verdoppelt (vgl. Gens, 2011, S. 15). Die Daten werden oftmals dezentral in einer Cloud gespeichert. Zudem wird es immer einfacher durch die Digitalisierung Daten zu sammeln und Organisationen haben bereits einen großen Datenbestand, der in Big Data Analysen das Volumen ebenfalls erhöht.

Eine weitere Eigenschaft des heutigen Datenverkehrs ist seine Geschwindigkeit (*Velocity*). Die Geschwindigkeit, in der Daten heute gesammelt werden ist eng mit den Gründen für das hohe Datenvolumen verknüpft. Während früher hauptsächlich Spezialisten mit der Erhebung von Daten vertraut waren, wird heutzutage beispielsweise über das Smartphone ein ununterbrochener Datenfluss möglich (vgl. Wilder-James, 2012) Der Aspekt der Datengeschwindigkeit lässt sich in zweierlei Hinsicht betrachten. Erstens, ist hier die enorme Rate zu nennen, mit der Daten aktuell erzeugt werden und zweitens werden die rasch wachsenden Datenmengen stets sehr zeitnah verarbeitet (vgl. Klein, Tran-Gia, & Hartmann, 2013, S. 320).

Das dritte Charakteristikum von Big Data beschreibt die vielfältige Beschaffenheit der Daten (*Variety*). Sie wird als „wichtigster Aspekt" (Klein et al., 2013, S. 320) in der Definition von Big Data verstanden, da die Vielfalt an inkompatiblen und inkonsistenten Dateistrukturen die größte Barriere im Umgang mit dem effektiven Einsatz von Big Data darstellt (vgl. Laney, 2001, S. 2). Die Datenquellen reichen hier von sozialen Netzwerken, Fotos, Videos, Musikdateien, Blogs, Suchmaschinen, E-Mails, Telefonaten, Streaming-Diensten bis hin zu Sensoren von intelligent vernetzten Geräten. Diese Daten können zum Teil strukturiert sein, wenn sie ein vorgegebenes Format einhalten, wie zum Beispiel Profilinformationen oder Kundenstammdaten. Es existieren aber auch eine Vielzahl an semi-strukturierten Daten, die lediglich eine partielle Struktur aufweisen, wie beispielsweise E-Mails. Diese haben einen strukturierten Teil, die Informationen über Empfänger, Sender, Betreff, etc. und den unstrukturierten Text als solches. Unstrukturierte Daten weisen letztlich keinerlei formalisierte Struktur auf, wie es bei Bildern der Fall ist. Im Rahmen von Big Data werden diese unterschiedlich strukturierten Daten nun zusammengefasst und analysiert. Das dadurch entstehende „in sich unstrukturierte Datenkonglomerat kann in drei Kategorien klassifiziert werden" (Klein et al., 2013, S. 320). Die erste Kategorie beinhaltet Daten aus der Kommunikation ausschließlich zwischen Personen, wie aus sozialen Netzwerken.

Die zweite Kategorie enthält Daten aus der Kommunikation von Personen und Diensten bzw. Maschinen, wie zum Beispiel durch die Nutzung von Online-Shops. Mit der dritten Kategorie werden Daten aus der Kommunikation ausschließlich zwischen Diensten und/oder Maschinen verstanden – hier sind insbesondere Sensordaten und GPS Positionsinformationen zu nennen (ebd.).

Neben diesen drei V's hat sich in Studien über die Evolution des Begriffes Big Data herausgestellt, dass zwei weitere V's – Veracity und Value – im Laufe der Zeit für die Definition des Begriffes prägend geworden sind (vgl. Ylijoki & Porras, 2016, S. 74).

Mit dem Aspekt *Veracity* wird thematisiert, inwieweit die Zuverlässigkeit hinsichtlich Qualität und Korrektheit der Quellen, Generierung, Erfassung und Steuerung der Daten gewährleistet ist. Durch die Vielfältigkeit der Daten aus sehr heterogenen Datenquellen können diese sich als zweifelhaft oder ungenau herausstellen (vgl. Klein et al., 2013, S. 321).

Mit dem fünften V, dem *Value* wird verdeutlicht, dass die Anwendung von Big Data wertsteigernd wirken soll. Die Daten selbst stellen hier die entscheidende Grundlage dar. Sie werden als essentielle ökonomische Größe betrachtet und neben den Inputfaktoren Arbeitskraft, Kapital und Ressourcen als „vierter Produktionsfaktor" (Horvarth, 2013, S. 1) gesehen. Neben der Aufbereitung der Daten selbst, stellt die Analyse der Daten in Handlungsempfehlungen, Prognosen etc. eine wesentliche Komponente für die Wertsteigerung von Big Data Analysen dar (vgl. Mayer-Schönberger & Cukier, 2013, S. 5).

Neben dieser eher technisch geprägten Begriffsbestimmung von Big Data scheint es gewinnbringend sich dem Thema ebenso aus soziologischer Perspektive zu widmen, um diese Dynamiken im Kontext langfristiger gesellschaftliche Entwicklungen zu bewerten. Die Wechselwirkungen zwischen sozialem Handeln und gesellschaftlichen Strukturen im Kontext von Big Data werden daher im nachfolgenden Kapitel untersucht.

2.1 Das Big Data Prozessmodell

In einer soziologischen Perspektive kann Big Data als Prozessmodell verstanden werden, welches sowohl auf informationstechnische als auch sozialpolitische Sichtweisen zurückgreift und Big Data in drei wesentlichen Schritten darstellt (vgl. Abbildung 1).

Abbildung 1: Das Big Data Prozessmodell

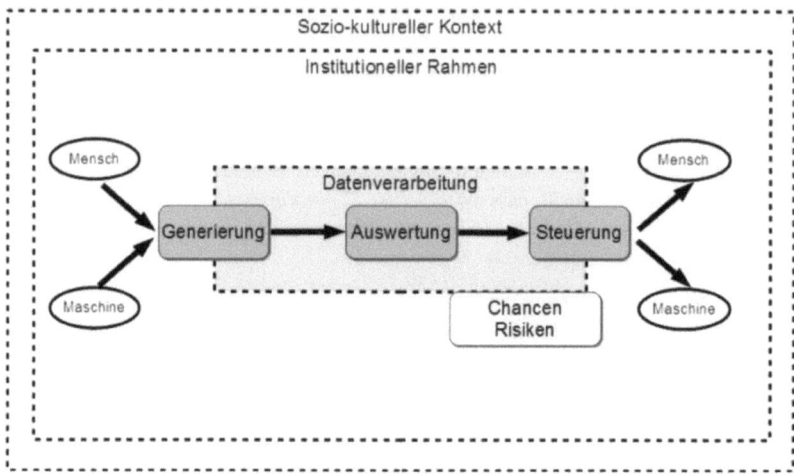

Quelle: (Weyer et al., 2018, S. 74)

Im ersten Schritt werden durch Interaktionen zwischen Menschen und Maschinen Daten generiert. Die Übermittlung der Daten werden hier entweder aktiv vom Menschen oder passiv durch Maschinen ausgeführt. Im zweiten Schritt werden die Daten von Datenanalysten ausgewertet. Diese, von Algorithmen unterstützte Analyse, verläuft weitgehend automatisch ab und greift entweder auf neuartige Methoden des maschinellen Lernens oder traditionelle statistische Verfahren zurück (vgl. Weyer et al., 2018, S. 74). Mit der Datensteuerung werden komplexe soziotechnische Systeme im letzten Schritt, auf Basis der in Schritt zwei ausgewerteten Daten in Echtzeit gesteuert (ebd.).

Der Big Data Prozess verläuft nicht isoliert, sondern ist eingebettet in einen soziokulturellen Kontext, der Big Data sowohl in politischer Dimension begreift, aber auch staatlich-reguliertes Handeln im institutionellen Rahmen umfasst. Das Modell wird als sich wiederholende Sequenz gedacht: Der Output der Datensteuerung wird wieder zum Input für neue Datenerhebungen, welche wiederum von Datenanalysten ausgewertet werden und Grundlage für die Steuerung von Menschen und/oder Maschinen darstellt (ebd., S. 75).

In den nachfolgenden Kapiteln 2.1.1 bis 2.1.3 werden die drei Teilschritte Datengenerierung, Datenauswertung und Datensteuerung vom Big Data Prozessmodell aus soziologischer Perspektive untersucht.

2.1.1 Datengenerierung

Die Datengenerierung stellt den ersten Schritt im Big Data Prozessmodell dar. Mögliche Quellen für die Generierung von Daten können zum Beispiel in

Unternehmen durch Industrie 4.0, im öffentlichen Raum durch Smart Cities oder aber in der privaten Lebensführung mit dem Smartphone und dem Smart Home sein. Der Anwendungsfall des Smart Home wird in den nachfolgenden Kapiteln im Detail erörtert. Mit dem Einsatz smarter Technik im Zuge der Digitalisierung wird eine neue Qualität in der Erhebung und Weitergabe oftmals privater Daten erreicht, welche sich nach Weyer (vgl. 2018, S. 84f.) in den folgenden Dimensionen beschreiben lassen:

- *Ubiquität*: In nahezu allen Bereichen werden Daten von technischen Geräten generiert und erfasst. Nach der Idee des „Ubiquitous Computing" wird in dieser Dimension die Allgegenwärtigkeit der Informationstechnik verstanden mit dem Ziel die technischen Geräte miteinander kommunizieren und im Hintergrund verschwinden zu lassen (vgl. Weiser, 1999, S. 3ff.). Die zur Verfügung stehende Datenmenge steigt dadurch exponentiell an.

- *Automatisierung*: Die Datengenerierung erfolgt zunehmend über smarte Geräte, wie zum Beispiel über eine intelligente Glühbirne im Kontext von Smart Home. Die Erfassung der Daten verläuft dann entweder teil- oder vollautomatisch, sodass der Mensch in diesem Schritt durch entfallende Aufzeichnung, Dokumentation und Archivierung entlastet wird (vgl. Weyer et al., 2018, S. 85).

- *Kontinuität*: Während früher in regelmäßigen, aber mit zeitlichem Abstand Daten anfielen, ist es heute praktisch möglich permanent Informationen auszutauschen und somit einen ununterbrochen Datenfluss herzustellen (vgl. Horvarth, 2013, S. 1).

- *Ortsunabhängigkeit*: Durch den Einsatz von Cloud-Technologien werden die Daten nicht mehr lokal gespeichert, sondern dezentral in Netzwerken gespeichert und über das Internet ortsunabhängig zur Verfügung gestellt. Dadurch verbleiben die erhobenen Daten nicht zwingend bei der datenerhebenden Instanz und können prinzipiell auch anderen Akteuren zur Verfügung stehen (vgl. Weyer et al., 2018, S. 85).

- *Vielseitigkeit*: Die Erhebung der Daten erfolgt nicht ausschließlich über stationäre PCs, sondern kann auch über Sensoren, oder mobile Geräte erfolgen. Durch die erhobenen Inhalts- und Metadaten, wie Standort und Uhrzeit können Rückschlüsse auf die Identität und den Standort der Person bzw. des Objekts getroffen werden (ebd.).

- *Simultanität*: Cloud-Dienste ermöglichen den Aufbau einer gewaltigen IT-Infrastruktur, die eine enorme Rechen-Leistung bietet. Zudem werden mobile Geräte, wie Smartphones immer leistungsfähiger, sodass die parallele Datenerfassung und Auswertung in Echtzeit Realität wird.

Neben einer Differenzierung über die Struktur der Daten (siehe Kapitel 2.1) lassen sich die produzierten Daten verschiedenen Kategorien zuordnen. Hier sind zum einen Inhalts-, Nutzer und Nutzungsdaten zu nennen. Inhaltsdaten können Texte einer Nachricht sein, Nutzer- und Nutzungsdaten ermöglichen eine genaue Identifikation bzw. liefern Daten über eine „Nutzungsepisode" (Schmidt, 2009, S. 47) der Benutzer. Bei Verhaltens- und Kontextdaten werden Beschleunigungs-, Bewegungsdaten oder Daten über die jeweilige Umgebung, wie beispielsweise die Temperatur geliefert (vgl. Weyer et al., 2018, S. 91). Wenn schließlich Daten über Daten erhoben werden ist die Rede von Metadaten. Diese reichern die primären Daten mit zusätzlichen Informationen an und können auch ohne Kenntnis der primären Daten wertvolle Erkenntnisse liefern.

Zudem ist die Qualität und Reliabilität der generierten Daten von großer Bedeutung. Einerseits lässt sich festhalten, dass die automatische Aufzeichnung von (Verhaltens-)Daten eine subjektive Verzerrung („bias") im Datensatz minimiert. Andererseits werden die Daten aus sehr heterogenen Quellen generiert und die hohe Anforderung an die schnelle Verfügbarkeit von Daten, machen eine Datenbereinigung im praktischen Einsatz oft nur bedingt möglich. „Somit haftet den gesammelten Daten häufig eine gewisse Unsicherheit oder Ungenauigkeit an, die es ebenfalls zu berücksichtigen gilt" (Klein et al., 2013, S. 321). Eine ausreichend hohe Datenqualität ist daher unerlässlich für eine entsprechende Qualität der Ergebnisse von Big Data Analysen und verdeutlicht die Notwendigkeit einer Qualitätsüberprüfung erhobener Daten.[3]

2.1.2 Datenauswertung

Nach der Datengenerierung werden die erhobenen Daten im zweiten Schritt des Big Data Prozessmodells ausgewertet. Bei der Datenauswertung kommen neuartige Verfahren zum Einsatz, die eine Analyse kompletter Samples möglich machen, anstatt lediglich Stichproben zu untersuchen. Hier sind zum einen das Data Mining und Machine Learning („maschinelles Lernen") zu nennen. Mit diesen Methoden ergeben sich neue Möglichkeiten des Erkenntnisgewinns, da in Zukunft nicht immer konkret definierte Fragestellungen zwingend verfolgt werden müssen, sondern emergent nach Zusammenhängen in den Daten gesucht werden kann (vgl. Dorschel, 2015, S. 115). Zudem werden durch das Zusammenführen bislang unabhängiger Datenquellen verborgene Strukturen und Muster in den Datenbeständen entdeckt, die es möglich machen Aussagen über das Verhalten sozialer Kollektive, aber auch einzelner Individuen zu treffen (vgl. Weyer et al., 2018, S. 102).

Je nach Erkenntnisinteresse werden die Daten mit den beschriebenen Methoden in unterschiedlicher Weise analysiert und aufbereitet. Bei Big Data Analysen auf einer Makro-Ebene wird über Lagebilder und Trendszenarien ein

---

[3] Der Spruch „GIGO – Garbage In, Garbage Out" versinnbildlicht hier die Abhängigkeit von Daten, Algorithmen und den resultierenden Auswertungen (vgl. Driscoll, 2012).

umfassendes Bild der Gesamtsituation kreiert. Bei Analysen auf der Mikro-Ebene über Profilbildungen, ist hingegen der Rückschluss auf einzelne Individuen essentiell, da deren Verhalten im Mittelpunkt stehen (vgl. Weyer et al., 2018, S. 107). In der Praxis lassen sich die Mikro- und Makro-Ebenen in solchen Big Data Analysen oft nicht klar voneinander trennen, da zum Beispiel Rückschlüsse von der Mikro-Ebene auf die Makro-Ebene oder vice versa getroffen werden.[4]

2.1.3 Datensteuerung

Der dritte Schritt des Big Data Prozessmodells stellt die Steuerung auf Basis der verarbeiteten Daten dar. Der Begriff Steuerung wird in diesem Kontext als „intentionale Beeinflussung eines sozialen Systems durch ein anderes" (Weyer et al., 2018, S. 118) verstanden, wie durch Anreize oder Verbote. Die Steuerung sollte nicht zwanghaft erfolgen. In der Regel behalten die Akteure die Handlungsträgerschaft insofern, als dass sie entscheiden können, ob sie den Impulsen des gesteuerten Systems Folge leisten oder nicht. Abhängig vom Anwendungsgebiet kann entweder das individuelle Verhalten wie im Smart Home oder durch Self-Tracking im Sport gesteuert werden. Es existieren zum anderen auch Bereiche, in denen komplexe Systeme, wie Verkehr oder die Stromversorgung durch Big Data Analysen gesteuert werden sollen. Die Steuerung individuellen Verhaltens und komplexer Systeme werden nachgehend erläutert.

Durch die Kombination verschiedener Datenquellen wird es möglich Verhaltensregelmäßigkeiten und Muster in komplexen Datensätzen aufzudecken, die Persönlichkeitsprofile, oder das Aufdecken latenter Gruppenstrukturen möglich machen (vgl. Eagle & Pentland, 2006, S. 257). Die Arbeiten von Eagle und Pentland haben gezeigt, dass diese Mustererkennung ausschließlich auf Basis von Metadaten durchgeführt werden kann, ohne den Inhalt der primären Daten zu kennen. Die Mustererkennung durch Informationen über Standort, Uhrzeit, Aktivitätstyp, Interaktionspartner etc. ermöglichen also Schlussfolgerungen aus identifizierten Mustern des Verhaltens zu ziehen und somit eine „Algorithmisierung des Sozialen" (Weyer et al., 2018, S. 118).

Die Verarbeitung von Massendaten kann auch genutzt werden, um komplexe Konstrukte aus Menschen und Maschinen, sogenannte soziotechnische Systeme zu steuern. Hierbei verfolgen zentrale Akteure die Vision zum Beispiel mit Reality Mining Staus durch Verkehrssteuerung, Kriminalität durch Predictive Policing und Krankheiten durch präventive Medizin zu vermeiden

---

[4] Die Logik der wechselseitigen Abhängigkeit von der Mikro- und Makro-Ebene findet seinen theoretischen Ursprung im Modell der „soziologischen Badewanne" (vgl. Schimank, 2016, S. 16).

(vgl. Dorschel, 2015). Diese technokratische Vision einer gezielten Verhaltenssteuerung ganzer Kollektive wird von einem enormen Fortschritts- aber auch Steuerungsoptimismus getragen (vgl. Weyer et al., 2018, S. 119).

3 Smart Home

Die Digitalisierung unserer Lebenswelt hält auch Einzug in die private Lebensgestaltung. Werden Geräte intelligent im Lebensraum vernetzt und gesteuert, so ist die Rede von Smart Home. Das Smart Home stellt einen Anwendungsfall von den in Kapitel zwei erläuterten Big Data Technologien dar. Smart Home wird definiert als „Oberbegriff für technische Verfahren und Systeme in Wohnräumen- und Häusern, in deren Mittelpunkt eine Erhöhung von Wohn- und Lebensqualität, Sicherheit und effizienter Energienutzung auf Basis vernetzter und fernsteuerbarer Geräte und Installationen sowie deren Abläufe steht" (BITKOM & Deutsches CleanTech Institut (DCTI), 2015, S. 9). Die Installation dieser Geräte kann dabei als Komplettlösung oder aber über einzeln miteinander vernetzte Komponenten via Funk, Datenleitung oder Stromleitung erfolgen. Neben dem Begriff Smart Home finden im Kontext von vernetztem Wohnraum auch Schlagwörter wie eHome, Connected Home oder intelligentes Zuhause Anwendung.

Das Smart Home gewinnt zunehmend an Popularität, da immer mehr Hersteller ihre Geräte mit smarten Funktionen ausstatten, welche eine zentrale und intelligente Steuerung möglich machen. Dem Forschungsinstitut Gartner (2014) zu Folge könnten im Jahr 2022 in einem durchschnittlichen Familienhaushalt bereits mehr als 500 smarte Geräte verfügbar sein. Der Übergang in den Massenmarkt für den Einsatz von Smart Home Technologien steht indes noch aus. Laut einer Statista-Umfrage aus dem Jahre 2016 über die Einstellungen zum Smart Home, sind gerade jüngere Menschen eher aufgeschlossen gegenüber diesen Anwendungen (vgl. Statista, 2016). 52 Prozent der 18-29-jährigen empfinden Smart Home Anwendungen interessant und 32 Prozent sehr interessant. Unter den 50-59-jährigen sind hingegen nur noch 35 Prozent interessiert und 16 Prozent sehr interessiert. Dem grundsätzlichen Interesse stehen oftmals diverse Bedenken entgegen, wie zum Beispiel hohe Anschaffungskosten, fragwürdige Datensicherheit und Fehleranfälligkeit. Den Chancen und Risiken für die Nutzer durch den Einsatz dieser Anwendungen wird daher in Kapitel vier explizit Rechnung getragen. Über die gängigsten Anwendungsfelder der Big Data Technologien im Smart Home befasst sich das folgende Unterkapitel.

3.1 Die fünf Anwendungsfelder

Das Einsatzgebiet von Big Data Technologien im Smart Home in den eigenen vier Wänden ist enorm. Eine übliche Klassifizierung sieht eine Unterteilung des Smart Home in die fünf verschiedenen Anwendungsfelder Energiemanagement, Unterhaltungsmedien, Sicherheit, Haushaltsgeräte und Gesundheit vor, welche nachgehend kurz vorgestellt werden (vgl. Niehoff, 2019, S. 209ff.). Die Zuordnung in diese Kategorien wird nach dem Hauptzweck ihrer Anwendung vorgenommen.

Im Bereich *Energiemanagement* soll Smart Home einen wesentlichen Beitrag zu einem effizienteren Stromverbrauch leisten. Heizungen, Raumklima, Licht und Strom lassen sich mit Hilfe diverser Anwendungen zentral steuern. So wird Transparenz über Nutzungszeiten hergestellt und die Endverbraucher können Einfluss auf den Verbrauch nehmen, indem beispielsweise während der Abwesenheit die Heizung automatisch runtergeregelt wird (vgl. Strese, Seidel, Knape, & Botthoff, 2010, S. 5).[5]

Zu den Anwendungen im Bereich der *Unterhaltungsmedien* zählen vernetzte elektronische Geräte, wie Fernseher, Spielkonsolen oder Musikanlagen und auch Spielzeuge für Kinder. Diese Entertainment-Geräte treiben die Verbreitung von Smart Home in Deutschland in erheblichem Ausmaß voran (vgl. Pietzonka & Schober, 2017, S. 5). Sie werden in der Freizeitgestaltung der Individuen genutzt und können zum Beispiel auch Angebote aus dem Internet laden, wie etwa von Streaming-Diensten.

In der Kategorie *Sicherheit* werden Systeme und Anwendungen eingesetzt, die die Gefahr vor dem Zutritt fremder und physischen Schäden am Haus minimieren sollen. Dies reicht von vernetzten Kameras über Schließsysteme, bis hin zu Warnmeldern. „Sie sollen beispielsweise überwachen, wer sich im Bereich des Heims aufhält, wem Zutritt zum Haus oder der Wohnung gewährt wird oder bei Gefahr durch Brände oder Überschwemmungen eine Warnung aussprechen" (vgl. Kettner & Thorun, 2018, S. 19).

Zu der Kategorie der *Haushaltgeräte* zählen die „weiße Ware" wie Kühlschränke, Waschmaschinen, Geschirrspüler und Herde, aber auch Saugroboter oder Rasenmäher. Bei diesen intelligenten Haushaltsgeräten lassen sich zwei Trends aufzeigen: Die Haushaltskomponenten verrichten die Arbeit entweder (fast) komplett eigenständig oder bieten einen individuellen Service und senden beispielsweise Meldungen oder Hinweise an ein mobiles Gerät (vgl. Wendel, 2019).

---

[5] Die Erfassung von Energieverbrauchswerten durch intelligente Zähler, sogenannte Smart Meter sollte nicht mit dem Bereich Energiemanagement verwechselt werden, da diese sich in Deutschland in der Beschaffung und Regulierung unterscheiden (vgl. Kettner & Thorun, 2018, S. 19).

Das letzte Anwendungsfeld von Smart Home Technologien ist der Bereich *Gesundheit*. Die Anwendungen aus diesem Bereich dienen der Überwachung von Gesundheitsdaten und Vitalfunktionen wie zum Beispiel durch sensorgestützte Messungen in einem smarten Bett. Diese Anwendungen sind in erster Linie für Senioren und/oder behinderte Menschen konzipiert, sollen ihnen den Alltag erleichtern und firmieren unter dem Fachbegriff ‚Ambient Assisted Living' (AAL) (vgl. Suryadevara & Mukhopadhyay, 2015, S. 15).

3.2 Bezug zu Big Data

Die einleitende Definition und Darstellung der Anwendungsfelder von Smart Home geben bereits einen Eindruck über die Intention und Anwendungsgebiete von Smart Home. Anhand des Big Data Prozessmodells aus Kapitel zwei kann nun entlang der drei Teilschritte Datengenerierung, Datenauswertung und Datensteuerung der explizite Bezug von Smart Home und Big Data hergestellt werden.

Dort wo Glühbirnen eine eigene IP-Adresse haben und sich per App steuern lassen, der Kühlschrank automatisch nachbestellt sobald die Vorräte aufgebraucht sind und der Badezimmerspiegel jeden Morgen den eigenen Körper vermisst, entstehen große Mengen an Daten. Durch diese steigende Vernetzung der Hausgeräte mit mobilen Endgeräten und dem Internet entstehen immer mehr Datenpunkte, welche kontinuierlich Daten generieren (vgl. Vimarlund & Wass, 2014, S. 144). Die Übermittlung der Daten erfolgt hier nicht sequenziell, sondern kontinuierlich und in Echtzeit. Beispielsweise schließen die Fenster unmittelbar, wenn ein Regenschauer aufzieht und die Heizungen regulieren die Raumtemperatur auf den gewünschten Soll-Wert. Durch diese vielseitige und ortsunabhängige Datengenerierung entsteht eine neue Qualität der Datengenerierung.

Die Datenpunkte können nicht nur zügig, sondern auch sinnvoll ausgewertet werden. Bei der Analyse der generierten Daten werden Big Data Technologien eingesetzt, um die Menge an heterogenen Daten weiter zu verarbeiten. Daten von Bewegungssensoren und installierten Kameras können in Echtzeit verbunden und ausgewertet, sodass der Endnutzer je nach Erkenntnisinteresse eine Auswertung auf einem mobilen Endgerät einsehen kann.

Mit der Steuerung der Systeme auf Basis der ausgewerteten Daten schließt eine Sequenz im Big Data Prozessmodell ab. Diese Datensteuerung kann entweder automatisch durch maschinelle bzw. technische Systeme umgesetzt werden oder aber in Form von Hinweisen und Handlungsempfehlungen an den Menschen gesendet werden. Im Smart Home kann beispielsweise die Luftqualität für Bedürftige vollautomatisch reguliert werden, sobald diese einen kritischen Wert unterschreitet (vgl. Fong & Fong, 2011, S. 18). Hingegen werden Warnungen über Personen auf einer Sicherheitskamera an das mobile

Gerät des Besitzers gesendet, sodass dieser daran anknüpfend eine Handlung ausführen kann oder nicht. Eine verlässliche Verbindung zwischen den Geräten, die Speicherung großer, teils unstrukturierter Daten und die Fähigkeit diese in kurzer Zeit zu analysieren und zu steuern, erweisen sich demnach als wichtige Eigenschaften für die Umsetzung von Big Data im Smart Home (vgl. Ahmed et al., 2017, S. 463f.).

4 Chancen und Risiken durch den Einsatz von Smart Home

Nachdem das Konzept Big Data, als auch dessen Einsatz im Smart Home herausgearbeitet wurden, werden in diesem Kapitel die mit der Nutzung von Smart Home Anwendungen verbundenen Chancen und Risiken untersucht. Hierbei steht insbesondere im Erkenntnisinteresse, mit welchen Implikationen diese Veränderungen für Individuen und die Gesellschaft einhergehen.

Befürworter und Hersteller eines Smart Home sehen in dieser technischen Entwicklung einen disruptiven Wandel unseres Alltags. Dort wo bisher viele Tätigkeiten und Handgriffe manuell verrichtet werden, verspricht das Smart Home intelligente Vernetzung und Automatisierung in verschiedensten Anwendungsfällen. Daher wird beteuert: „Ein Smart Home kann den Komfort erhöhen, die Sicherheit steigern, den Energieverbrauch senken und sogar dafür sorgen, dass ältere und kranke Menschen in der eigenen Wohnung bleiben können" (BITKOM & Deutsches CleanTech Institut (DCTI), 2015, S. 7).

Wesentliches Kaufkriterium für viele Besitzer von Smart Home Anwendungen ist das Streben hin zu einem sicheren und geschützten Wohnraum. Der Sicherheitsaspekt in Smart Home Anwendungen umfasst ein weites Spektrum. Zum einen kann es vor Schäden durch Einbruch, Feuer oder Wasser durch Erkennung und Meldung des schützen. Zum anderen kann Anwesenheit simuliert werden, indem Jalousien und Licht automatisch gesteuert werden, um Einbrecher abzuschrecken (ebd., S. 16). Die Tür- und Fensterüberwachung kann zudem beim Verlassen über offenstehende Fenster informieren und die Alarmanlage aktivieren.

Ein weiterer positiver Aspekt scheinen Möglichkeiten zu sein, Energiesparsam zu leben. Durch die smarte Steuerung von Fenstern, Heizkörpern und Glühbirnen soll Energie und Geld gespart werden. Bezogen auf den Stromverbrauch im privaten Wohnsegment kann hier jedoch entgegnet werden, dass die intelligente Messung des Stromverbrauchs Untersuchungen zu Folge nicht genutzt werden kann, um Maßnahmen für eine verbesserte Energieeffizienz abzuleiten (vgl. Rodríguez Fernández, Cortés García, González Alonso, & Zalama Casanova, 2016, S. 258).

Zusätzlich dazu wurde laut einer Studie von Deloitte und der TU München (2015) neben der Erhöhung der Wohnsicherheit, Reduktion der Energiekosten, auch die Steigerung des persönlichen Komforts, Entertainment und Spaß bei der Nutzung genannt. Über individuelle Nutzungsprofile können die Anwendungen spezifische Präferenzen erkennen, wahrnehmen und daran orientiert handeln. Beispielsweise erkennt und wählt der Fernseher den Lieblingssender, die Lampen passen Farbe und Helligkeit an und die Raumtemperatur wird den individuellen Präferenzen entsprechend angepasst, ohne Notwendigkeit für manuelle Eingriffe (BITKOM & Deutsches CleanTech Institut (DCTI), 2015, S. 16).

Neben dem Komfort und Entertainment werden dem Smart Home auch erhebliche Chancen für die Unterstützung Bedürftiger im Bereich ‚Ambient Assisted Living' zugerechnet. Durch smarte Unterstützungen und Gesundheitsmonitoring könnten Senioren weiterhin in ihren Wohnungen leben und in ihrem Alltag effektiv unterstützt werden (vgl. Suryadevara & Mukhopadhyay, 2015, S. 178). Diese Smart Home Anwendungen zeichnen sich durch ein hohes Maß an automatischen Funktionen aus, sodass keinerlei oder nur geringfügige Bedienungen benötigt werden. Über Sensoren kann zum Beispiel die Luftqualität gemessen und bei Bedarf angepasst werden, um optimale pneumatische Bedingungen erzeugen (vgl. Fong & Fong, 2011, S. 18). Im Bereich Ambient Assisted Living kann zusätzlich auch hier der Sicherheitsaspekt gefördert werden, indem Sensoren im Notfall automatisch ein Signal an eine Notrufzentrale versenden (vgl. Niehoff, 2019, S. 211).

Über die Frage, ob Smart Home sich massenhaft in den Haushalten etabliert, kann einerseits festgehalten werden, dass immer mehr Gerätekategorien, die bisher nur einen Stromanschluss hatten, nun auch einen Internetanschluss bekommen. Das liefert Grund zur Annahme, dass kaum mehr Zweifel daran besteht, dass die Zukunft des Wohnens in der intelligenten Vernetzung der verschiedenen Lebensbereiche liegt (vgl. BITKOM & Deutsches CleanTech Institut (DCTI), 2015, S. 11). Dieser Position entgegnen viele Kritiker, dass die Nutzung von Smart Home Anwendungen mit erheblichen Risiken verbunden ist. Diese kritischen Aspekte werden nachfolgend analysiert.

Einer der zentralen Kritikpunkte am Smart Home lassen sich im Datenschutz ausmachen. Grundlage für die Funktionsfähigkeit der Smart Home Anwendungen und eines der wesentlichen Charakteristika von Big Data liegen in der Generierung zahlreicher Daten. Die oftmals sensiblen und privaten Daten werden über das Internet in Cloud-Lösungen gespeichert und dort weiterverarbeitet. Zwar werden die Daten anonymisiert gespeichert, durch die Kombination verschiedener Datenquellen, wird aber eine De-Anonymisierung möglich, sodass die Vergabe von Pseudonymen lediglich von begrenztem Nutzen ist (vgl. Schütze, Hänold, & Forgó, 2018, S. 235). Die umfangreiche Datengenerierung und fehlende Wirksamkeit von Anonymisierungsverfahren kollidiert mit zentralen europäischen datenschutzrechtlichen Prinzipien (vgl. Horvarth, 2013, S. 2). In der Europäischen Grundrechtecharte und dem Bundesdatenschutzgesetz sind drei elementare Aspekte – der

Zweckbindungsgrundsatz, die Datensparsamkeit und die Transparenz – verankert, welche durch den Einsatz von Smart Home Anwendungen streitbar gemacht werden. Die Daten werden in der Regel sehr umfangreich erhoben, wobei im Vorhinein der Zweck noch nicht klar definiert ist. Mit Hilfe der Daten sollen „bislang unsichtbare Muster und Regelmäßigkeiten [...] sichtbar und damit optimierbar gemacht werden" (Vormbusch & Kappler, 2018, S. 209).

Die kurzen zeitlichen Abstände zwischen der Erhebung von Daten, über die Verarbeitung, hin zur Steuerung, machen es dabei umso schwieriger detaillierten Überblick zu bewahren, was die Transparenz von Big Data im Smart Home beeinträchtigt und in einer Art digitaler Bevormundung resultiert. Hier erscheint es beinahe plausibel, dass „die Nutzerinnen und Nutzer der Empfehlungen ihrer Apps mehr oder minder ‚blind' folgen werden" (Weyer et al., 2018, S. 121). Die Entscheidungen werden immer stärker von datenverarbeitenden Maschinen dominiert, sodass menschliche Urteilsfähigkeit und Intuition keinen Platz mehr in diesen Prozessen finden und das menschliche Verhalten durch technische Systeme gelenkt wird. Diese Verhaltenssteuerung wird als Nudging (engl. stupsen, anstoßen) bezeichnet. Unter Nudging sind solche Maßnahmen zu verstehen „mit denen Entscheidungsarchitekten das Verhalten von Menschen in vorhersehbarer Weise verändern können" (Thaler & Sunstein, 2018, S. 15). Ziel ist es den Nutzer im Smart Home hin zu einem nachhaltigen Konsum durch Stromsparmaßnahmen zu beeinflussen. Der Kühlschrank piept, die Herdplatte schlägt Alarm und Glühbirnen senden Warnsignale, wenn das Licht eingeschaltet bleibt, ohne dass sich jemand im Raum befindet. Diese Anwendungsfälle könnten auf den ersten Blick positiv interpretiert werden, jedoch zeigt sich hier zugleich die digitale Bevormundung. Nutzer werden gewarnt, dazu angehalten sich richtig zu verhalten und so implizit zum Handeln gezwungen. Dem pflichtet Gerd Gigerenzer, Forscher am Max-Planck-Institut in einem Interview wie folgt bei: „Dem Nudging liegt ein zutiefst negatives Menschenbild zugrunde. Die Planer unterstellen, dass Menschen nicht nur inkompetent sind, vernünftig ihr Leben zu meistern, sondern diese Inkompetenz auch noch pathologisch ist" (Geiger & Zschäpitz, 2016).

Ein weiteres Risiko für Individuen in der Nutzung von Smart Home zeigt sich in den Sicherheitslücken der intelligenten Geräte. Für durchschnittliche Nutzer ist es beinahe unmöglich ein „sicheres" von einem „unsicheren" Smart Home Gerät zu unterscheiden. Hier zeigt sich eine Informationsasymmetrie hinsichtlich der Sicherheit der Produkte (vgl. Kettner & Thorun, 2018, S. 73). Die Vernetzung von Geräten und Maschinen mit dem Internet, ermöglicht es durch Manipulation von Daten direkte physische Auswirkungen zu erzielen. Durch das Hacken eines Türschlosses lassen sich Hausbewohner ein- oder ausschließen und durch das kompromittieren eines vernetzten Herdes wäre es möglich eine Überhitzung zu provozieren, die schließlich einen Brand auslöst. Durch die Verbindung von IT-Sicherheit mit physischer Sicherheit entstehen daher neue Sicherheitsrisiken (ebd., S. 57).

Angesichts der analysierten Chancen und Risiken, die sich für Individuen durch den Einsatz von Smart Home ergeben, stellt sich anschließend die Frage nach den gesellschaftlichen Implikationen für diese Anwendungen. Die Analyse hat gezeigt, dass sich technische Entwicklungen, wie das Smart Home dadurch auszeichnen, dass sie alle Lebensbereiche erfassen, vernetzen, kontrollieren und steuern können (vgl. Wiegerling, Nerurkar, & Wadephul, 2018, S. 58). Demnach sind sie eingebunden in ein gesellschaftliches Umfeld und nicht isoliert davon zu betrachten. Die neuen gesellschaftlichen Herausforderungen zeigen sich in erster Linie in der Gefährdung der Privatsphäre. Mit Hilfe von Datenanalysen aus Smart Home Geräten lassen sich umfängliche Persönlichkeitsprofile mit sensiblen personenbezogenen Daten generieren. Personen und Institutionen, welche in der Lage sind diese Daten gezielt auszuwerten und Wissen über das Verhalten komplexer Systeme zu deren Steuerung nutzen, wird Macht bzw. eine exponierte Entscheidungsposition zu teil (vgl. Weyer et al., 2018, S. 72). Zusammenfassend lässt sich daher sagen, dass Big Data im Kontext von Smart Home weitreichende Auswirkungen, sowohl für Individuen als auch für die ganze Gesellschaft haben kann. Das Phänomen Big Data hat durch die Zuschreibung von Macht also immer auch eine politische Dimension (vgl. Lupton, 2015, S. 2).

5 Handlungsempfehlungen

Im vorangegangenen Kapitel hat die Analyse von Big Data Technologien im Smart Home Chancen, vor allem aber auch Risiken und gesellschaftliche Implikationen verbunden mit dem Einsatz aufgedeckt und kritisch reflektiert. Auf dieser Grundlage werden in der Literatur gegebene Handlungsempfehlungen und Ansatzpunkte für Regelungsbedarfe für eine humanzentrierte Umsetzung des Smart Home nachfolgend kritisch reflektiert.

Die Förderung der informationellen Selbstbestimmung und der Ausbau der wahrgenommenen Selbstkontrolle, stellt hier einen möglichen Ansatzpunkt dar. Denn das Gefühl, sein Handeln wird von anderen Personen, Geräten etc. durch Handlungsempfehlungen oder automatische Steuerung geleitet, wirkt sich negativ auf das Vertrauen in die Anwendungen aus (vgl. Cepera, Weyer, & Konrad, 2019, S. 72). Hier sind insbesondere die Hersteller von Smart Home Anwendungen angesprochen, neben hohen Sicherheitsvorkehrungen, Transparenz durch Offenlegung der Weiterverarbeitung von Daten herzustellen und zugleich die Komplexität zu reduzieren. Eine Möglichkeit, um Informationen im Zusammenhang mit Datenverarbeitungen einfach und verständlich aufzubereiten, stellt die Nutzung sogenannter „Privacy Bots" dar. Diese bereiten Datenschutztexte automatisch in standardisierter Form auf und ermöglichen den Abgleich mit persönlichen Präferenzen (vgl. Kettner & Thorun, 2018, S. 67). Für das Smart Home sind derzeit keine Privacy Bots im Einsatz, die Technologie ließe sich aber technisch problemlos auf diesen Bereich übertragen.

Weiterhin wird der erfolgreiche Einsatz von Smart Home Anwendungen im Wesentlichen von der Medienkompetenz und Informiertheit der Nutzer beeinflusst. Zum einen kann dadurch Vertrauen in die Applikationen aufgebaut werden, andererseits können diese bei den Herstellern geltendes Recht einfordern. So ist in der Datenschutz-Grundverordnung (DSGVO) beispielsweise das Recht auf Datenübertragbarkeit verankert, wodurch Nutzer „personenbezogene Daten, die sie einem Verantwortlichen bereitgestellt haben, in einem strukturierten, gängigen und maschinenlesbaren Format zu ausgehändigt bekommen können" (vgl. Schantz & Wolff, 2017, Rn. 1237). Dadurch können die generierten Nutzerprofile bei Anbieterwechseln mitgenommen werden, oder Geräte verschiedener Marken sich verbinden lassen. Diese Einschränkungen etwa durch Verweigerung der Datenweitergabe oder geschlossenen Systemen sollte herstellerseitig vermieden werden (vgl. Ahmed et al., 2017, S. 3).

Eine weitere Empfehlung, um die Einhaltung von datenschutzrechtliche Anforderungen durchzusetzen, ist es, diese unmittelbar in die technischen Systeme zu implementieren (vgl. Simitis, 2014, Rn.118). Dieser Ansatz eines Datenschutzes durch Technik (Privacy by Design) hat den besonderen Vorteil, dass nicht im Einzelfall geprüft werden muss, ob Vorschriften des Datenschutzes eingehalten worden sind, da diese dann bereits im Code verankert wären. Die praktische Umsetzung und Wirkung dieser Methode muss jedoch sehr kritisch hinterfragt werden. Die Smart Home Anwendungen profitieren gerade von den personenbezogenen Daten, indem darauf aufbauend individuelle Nutzerprofile erstellt werden. Darüber hinaus wurde aufgezeigt, dass auch anonyme Daten über geschickte Kombinationen verschiedener Datensätze de-anonymisiert werden können (vgl. Schütze et al., 2018, S. 235).

Außerdem scheint es ratsam, dass Hersteller zum Schutz der Nutzer auf sehr hohe Sicherheitsvorkehrungen Wert legen und Standardeinstellungen nach dem Grundsatz des Privacy by Default so einzustellen, dass nur so viele personenbezogene Daten wie nötig verarbeitet werden (vgl. Gierschmann, 2016, S. 53). Standardeinstellungen sind so lange gültig, bis der Nutzer aktiv eine andere Option auswählt. Aus diesem Grund haben sie eine stark strukturierende Wirkung, da viele Nutzer diese Standardeinstellungen nicht ändern – teilweise aus fehlendem Wissen oder durch die Annahme die Entwickler haben durch ihr Expertenwissen die Voreinstellungen bereits optimal gewählt (vgl. Schmidt, 2009, S. 63).

Des Weiteren scheint auch die Forderung zur Stärkung der Wahlfreiheit von Verbrauchern zielführend. Nutzer sollten die Möglichkeit haben, entweder nur datensparsame Anwendungen zu nutzen oder auf Smart Home Geräte gänzlich zu verzichten. Seitens der Politik wird dies mit dem „Recht auf eine analoge Welt" (BMJV, 2017) eingefordert. Demnach sollte jeder Mensch die Wahlfreiheit haben, auf eine Vernetzung der eigenen Wohnung zu verzichten. Diese Wahlfreiheit impliziert insbesondere, dass durch eine Nicht-Nutzung der Smart Home Technologien keinerlei Benachteiligungen damit verknüpft sein dürfen (vgl. Kettner & Thorun, 2018, S. 3).

6 Fazit

Der technische Fortschritt und die Digitalisierung verändern zunehmend unser Leben und den Alltag. Mit der Vernetzung einst analoger Geräte revolutioniert dieser Wandel auch den privaten Wohnraum. Das Smart Home wird zunehmend populär und weckt gerade bei der jüngeren Generation Interesse. Mit dem Ziel die Wohn- und Lebensqualität, Sicherheit und Energieeffizienz zu erhöhen, lassen sich dem Konzept hohe Potenziale und Chancen zuschreiben. Gleichzeitig greift diese Vernetzung weitreichend in die private Lebensführung ein mit erheblichen Risiken für die Nutzer.

Mit dieser Seminararbeit wurde daher die Fragestellung untersucht, welche Chancen und Risiken der Einsatz vom Smart Home für die Menschen und die Gesellschaft haben. Nach der definitorischen Einführung von Big Data anhand des Prozessmodells und Smart Home mit seinen unterschiedlichen Anwendungsfeldern, wurden die Chancen, vor allem aber auch Risiken im Einsatz vom Smart Home analysiert und kritisch reflektiert. Hier hat sich gezeigt, dass diverse Anwendungen sich beispielsweise positiv auf die Sicherheit und den wahrgenommenen Komfort auswirken können. Herausforderungen und Risiken auf der anderen Seite zeigen sich vor allem im adäquaten Schutz der Nutzerdaten, der digitalen Bevormundung und eklatanten Sicherheitslücken in den Geräten. Insbesondere der Datenschutz erweist sich als wesentliche gesellschaftliche Herausforderung, da hiermit die Gefährdung der Privatsphäre verbunden ist. Auf Grundlage dessen wurden in der Literatur gegebene Handlungsempfehlungen und Ansätze für Regelungsbedarfe aufgezeigt und diskutiert. Hier wurde hervorgehoben, dass entsprechende Rahmenbedingungen etabliert werden und Geltung finden müssen, sodass Informationsasymmetrien zwischen Herstellern und Nutzern effektiv abgebaut werden.

Aufgrund der verschiedenartigen Anwendungsgebiete und damit einhergehenden unterschiedlichen Risiken, scheint aber eine pauschale Regulierung weder möglich noch sinnvoll. Es wird vielmehr auf einen intensiven Dialog zwischen Vertretern aus Politik, Wirtschaft und Bürgern ankommen, um flexible Konzepte zu entwickeln, die die Dynamik und Chancen des Smart Home nutzen und gleichzeitig berechtigte Gefahren minimieren. Aus soziologischer Perspektive wird deutlich, dass ein Smart Home nicht nur auf funktionierenden Algorithmen, sondern auch auf ein funktionierendes soziales System angewiesen ist, weshalb sich ein Mindestmaß an Vertrauen für eine humanzentrierte Umsetzung von Smart Home essentiell erweist (vgl. Weyer et al., 2018, S. 138).

Literaturverzeichnis

Ahmed, E., Yaqoob, I., Hashem, I. A. T., Khan, I., Ahmed, A. I. A., Imran, M., & Vasilakos, A. V. (2017). The role of big data analytics in Internet of Things. *Computer Networks*, *129*, 459–471. https://doi.org/ 10.1016/j.comnet.2017.06.013

BITKOM, & Deutsches CleanTech Institut (DCTI). (2015). GreenGuide Smart Home 2015—Die optimale Lösung für Ihr Zuhause. Abgerufen 12. August 2019, von DCTI Webseite: http://www.dcti.de/fileadmin/user_upload/GreenGuide_SmartHome_2015_Webversion.pdf

BMJV (2017, Februar). *Smart Home—Wie digital wollen wir wohnen?* Rede des Bundesministers der Justiz und für Verbraucherschutz Heiko Maas auf der gemeinsamen Konferenz von BMJV und Bitkom zum Safer Internet Day 2017 gehalten auf der Safer Internet Day 2017, Berlin. Abgerufen von https://www.bmjv.de/SharedDocs/Reden/DE/2017/02142017_SID2017.html

Cepera, K., Weyer, J., & Konrad, J. (2019). *Vertrauen in mobile Applikationen.* Soziologisches Arbeitspapier (Nr. 58). Dortmund.

De Mauro, A., Greco, M., & Grimaldi, M. (2015). *What is big data? A consensual definition and a review of key research topics.* 97–104. https://doi.org/10.1063/1.4907823

Deloitte, & TU München. (2015). Ready for Take-off? – Smart Home aus Konsumentensicht. Abgerufen von Connected Living Webseite: http://www.connected-living.org/content/4-information/4-downloads/4-studien/8-ready-for- takeoff/deloitte-smart-home-consumer-survey-20150701.pdf

Dorschel, J. (Hrsg.). (2015). *Praxishandbuch Big Data.* https://doi.org/10.10 07/978-3-658-07289-6

Driscoll, K. (2012). From Punched Cards to „Big Data": A Social History of Database Populism. *Communication +1, 1*(1), 1–33.

Eagle, N., & Pentland, A. (2006). Reality mining: Sensing complex social systems. *Personal and Ubiquitous Computing*, *10*(4), 255–268. https://doi.org/10.1007/s00779-005-0046-3

Fong, A. C. M., & Fong, B. (2011). Indoor air quality control for asthma patients using smart home technology. *2011 IEEE 15th International Symposium on Consumer Electronics (ISCE)*, 18–19. https://doi.org/10.1109/ISCE.2011.5973774

Gartner. (2014, September 8). Gartner Says a Typical Family Home Could Contain More Than 500 Smart Devices by 2022. Abgerufen von Gartner Webseite: https://www.gartner.com/en/newsroom/press-releases/2014-09-08-gartner-says-a-typical-family-home-could-contain-more-than-500-smart-devices-by-2022

Geiger, K., & Zschäpitz, H. (2016, Februar 20). *Der entmündigte Konsument.* Abgerufen von https://www.welt.de/print/wams/finanzen/article1527 20141/Der-entmuendigte-Konsument.html

Gens, F. (2011). Predictions 2012: Competing for 2020. Abgerufen von International Data Corporation (IDC) Webseite: https://www.virtustream. com/sites/default/files/IDCTOP10Predictions2012.pdf

Gierschmann, S. (2016). *Was „bringt" deutschen Unternehmen die DS-GVO? 6*(2), 51–55.

Horvarth, S. (2013). *Aktueller Begriff-Big Data* (Wissenschaftliche Dienste des Deutschen Bundestages Nr. 37, 13).

ITU's ICT Data and Statistics Division. (2012). *Measuring the information society.* Geneva: International Telecommunication Union : ITU.

Kettner, S. E., & Thorun, C. (2018). *Big Data im Bereich Heim und Freizeit. Smart Living: Status Quo und Entwicklungstendenzen.*

Klaßen, L. (2015, März 26). Spam aus dem Kühlschrank. *Süddeutsche Zeitung.* Abgerufen von https://www.sueddeutsche.de/geld/smart-home-spam-aus-dem-kuehlschrank-1.2411111

Klein, D., Tran-Gia, P., & Hartmann, M. (2013). Big Data. *Informatik-Spektrum, 36*(3), 319–323. https://doi.org/10.1007/s00287-013-0702-3

Laney, D. (2001). 3D Data management: Controlling data volume, velocity and variety. *META Group Research, Note 6*(70).

Lupton, D. (2015). *The Thirteen Ps of Big Data.* https://doi.org/10.13140 /RG.2.1.2900.8800

Mayer-Schönberger, V., & Cukier, K. (2013). *Big data: A revolution that will transform how we live, work and think.* London: Murray.

McBurney, V. (2012). The Origin and Growth of Big Data Buzz. Abgerufen von ToolBox for IT Blog Webseite: https://it.toolbox.com/blogs/vincentmcburney/the-origin-and-growth-of-big-data-buzz-053112

Niehoff, M. (2019). Smart Home. In T. Hoeren (Hrsg.), *Phänomene des Big-Data-Zeitalters: Eine rechtliche Bewertung im wirtschaftlichen und gesellschaftspolitischen Kontext.*

Picot, A., Berchtold, Y., & Neuburger, R. (2018). Big Data aus ökonomischer Sicht: Potenziale und Handlungsbedarf. In B. Kolany-Raiser, R. Heil, C. Orwat, & T. Hoeren (Hrsg.), *Big Data und Gesellschaft* (S. 309–416). https://doi.org/10.1007/978-3-658-21665-8_5

Pietzonka, M., & Schober, J. (2017). Smart Home Index 2017. Abgerufen 12. August 2019, von Connected Living Webseite: https://connected-living.org/content/4-information/4-downloads/4-studien/6-smart-home-index-2017-oktober-2017-quelle-smart-home-index-studie-2017-muecke-sturm-company-gmbh/20170929_sh_index_connected-living_final.pdf

Rodríguez Fernández, M., Cortés García, A., González Alonso, I., & Zalama Casanova, E. (2016). Using the Big Data generated by the Smart

Home to improve energy efficiency management. *Energy Efficiency*, *9*(1), 249–260. https://doi.org/10.1007/s12053-015-9361-3

Schantz, P., & Wolff, H. A. (2017). *Das neue Datenschutzrecht: Datenschutz-Grundverordnung und Bundesdatenschutzgesetz in der Praxis*. München: C.H. Beck.

Schimank, U. (2016). *Handeln und Strukturen: Einführung in die akteurtheoretische Soziologie* (5., durchgesehene Auflage). Weinheim Basel: Beltz Juventa.

Schmidt, J.-H. (2009). *Das neue Netz: Merkmale, Praktiken und Folgen des Web 2.0*. Konstanz: UVK-Verl.-Ges.

Schütze, B., Hänold, S., & Forgó, N. (2018). Big Data – Eine informationsrechtliche Annäherung. In B. Kolany-Raiser, R. Heil, C. Orwat, & T. Hoeren (Hrsg.), *Big Data und Gesellschaft* (S. 233–308). https://doi.org/10.1007/978-3-658-21665-8_4

Simitis, S. (Hrsg.). (2014). *Bundesdatenschutzgesetz* (8., neu bearbeitete Auflage). Baden-Baden: Nomos.

Statista. (2016, August 17). Wie ist ihre Einstellung zum vernetzten Wohnen/zu Smart-Home-Anwendungen insgesamt? Abgerufen 7. September 2019, von Statista Webseite: https://de.statista.com/statistik/daten/studie/164392/umfrage/kenntnis-von-connected-home-und-heimvernetzung-nach-alter/

Strese, H., Seidel, U., Knape, T., & Botthoff, A. (2010). *Smart Home in Deutschland: Untersuchung im Rahmen der wissenschaftlichen Begleitung zum Programm Next Generation Media (NGM) des Bundesministeriums für Wirtschaft und Technologie*.

Suryadevara, N. K., & Mukhopadhyay, S. C. (2015). *Smart Homes: Design, Implementation and Issues*. https://doi.org/10.1007/978-3-319-13557-1

Thaler, R. H., & Sunstein, C. R. (2018). *Nudge: Wie man kluge Entscheidungen anstößt* (Ungekürzte Ausgabe im Ullstein Taschenbuch, 13. Auflage). Berlin: Ullstein.

Vimarlund, V., & Wass, S. (2014). Big Data, Smart Homes and Ambient Assisted Living. *Yearbook of Medical Informatics*, *23*(01), 143–149. https://doi.org/10.15265/IY-2014-0011

Vormbusch, U., & Kappler, K. (2018). Leibschreiben. Zur medialen Repräsentation des Körperleibes im Feld der Selbstvermessung. In T. Mämecke, J.-H. Passoth, & J. Wehner (Hrsg.), *Bedeutende Daten* (S. 207–231). https://doi.org/10.1007/978-3-658-11781-8_10

Weiser, M. (1999). The computer for the 21st century. *ACM SIGMOBILE Mobile Computing and Communications Review*, *3*(3), 3–11. https://doi.org/10.1145/329124.329126

Wendel, M. (2019, März 19). Smart Home Definition: Möglichkeiten und Komponenten erklärt. Abgerufen 8. September 2019, von Home and smart Webseite: https://www.homeandsmart.de/was-ist-ein-smart-home

Weyer, J., Delisle, M., Kappler, K., Kiehl, M., Merz, C., & Schrape, J.-F. (2018). Big Data in soziologischer Perspektive. In B. Kolany-Raiser, R. Heil, C. Orwat, & T. Hoeren (Hrsg.), *Big Data und Gesellschaft* (S. 69–149). https://doi.org/10.1007/978-3-658-21665-8_2

Wiegerling, K., Nerurkar, M., & Wadephul, C. (2018). Ethische und anthropologische Aspekte der Anwendung von Big-Data-Technologien. In B. Kolany-Raiser, R. Heil, C. Orwat, & T. Hoeren (Hrsg.), *Big Data und Gesellschaft* (S. 1–67). https://doi.org/10.1007/978-3-658-21665-8_1

Wilder-James, E. (2012). What is big data? An introduction to the big data landscape. Abgerufen von O'Reilly Media Webseite: https://www.oreilly.com/ideas/what-is-big-data

Ylijoki, O., & Porras, J. (2016). Perspectives to Definition of Big Data: A Mapping Study and Discussion. *Journal of Innovation Management*, 4(1), 69. https://doi.org/10.24840/2183-0606_004.001_0006

BEI GRIN MACHT SICH IHR WISSEN BEZAHLT

- Wir veröffentlichen Ihre Hausarbeit,
  Bachelor- und Masterarbeit

- Ihr eigenes eBook und Buch -
  weltweit in allen wichtigen Shops

- Verdienen Sie an jedem Verkauf

Jetzt bei www.GRIN.com hochladen
und kostenlos publizieren